BEI GRIN MACHT SICH IHR WISSEN BEZAHLT

- Wir veröffentlichen Ihre Hausarbeit, Bachelor- und Masterarbeit

- Ihr eigenes eBook und Buch - weltweit in allen wichtigen Shops

- Verdienen Sie an jedem Verkauf

Jetzt bei www.GRIN.com hochladen und kostenlos publizieren

Bibliografische Information der Deutschen Nationalbibliothek:

Die Deutsche Bibliothek verzeichnet diese Publikation in der Deutschen Nationalbibliografie; detaillierte bibliografische Daten sind im Internet über http://dnb.d-nb.de/ abrufbar.

Dieses Werk sowie alle darin enthaltenen einzelnen Beiträge und Abbildungen sind urheberrechtlich geschützt. Jede Verwertung, die nicht ausdrücklich vom Urheberrechtsschutz zugelassen ist, bedarf der vorherigen Zustimmung des Verlages. Das gilt insbesondere für Vervielfältigungen, Bearbeitungen, Übersetzungen, Mikroverfilmungen, Auswertungen durch Datenbanken und für die Einspeicherung und Verarbeitung in elektronische Systeme. Alle Rechte, auch die des auszugsweisen Nachdrucks, der fotomechanischen Wiedergabe (einschließlich Mikrokopie) sowie der Auswertung durch Datenbanken oder ähnliche Einrichtungen, vorbehalten.

Impressum:

Copyright © 2016 GRIN Verlag, Open Publishing GmbH
Druck und Bindung: Books on Demand GmbH, Norderstedt Germany
ISBN: 9783668222793

Dieses Buch bei GRIN:

http://www.grin.com/de/e-book/322468/professionalitaet-von-bildungspersonal-ein-ueberblick

Andreas Gottwald

Professionalität von Bildungspersonal. Ein Überblick

GRIN Verlag

GRIN - Your knowledge has value

Der GRIN Verlag publiziert seit 1998 wissenschaftliche Arbeiten von Studenten, Hochschullehrern und anderen Akademikern als eBook und gedrucktes Buch. Die Verlagswebsite www.grin.com ist die ideale Plattform zur Veröffentlichung von Hausarbeiten, Abschlussarbeiten, wissenschaftlichen Aufsätzen, Dissertationen und Fachbüchern.

Besuchen Sie uns im Internet:

http://www.grin.com/

http://www.facebook.com/grincom

http://www.twitter.com/grin_com

Professionalität von Bildungspersonal

JUSTUS-LIEBIG-UNIVERSITÄT-GIESSEN
FB 03: Sozial- und Kulturwissenschaften/Institut für Erziehungswissenschaften
Professur für Berufspädagogik/Didaktik der Arbeitslehre – WS 15/16
Modul 1: Theorie und Fachdidaktik der Berufsbildung
Referent: Andreas Gottwald

Gliederung

- Einstieg
- Definition
  - Professionalität
  - Bildungspersonal
- Warum ist Professionalität wichtig?
  - Arbeit→Beruf→Profession
  - Autonome Berufsausübung
  - Fachwissenschaft
- Unterricht als komplexe Situation
- Situationsbewertung / Diskussion
- Ausblick
- Fazit
- Quellen

Einstieg

Bitte notiert euch Stichpunkte auf eure Metaplankarten, welche anschließend kurz vorgestellt werden.

Bearbeitungszeit: 5 Minuten

Was bedeutet für euch Professionalität?

Definition
Professionalität

- Spezifisches Wissen
    - Akademischen Wissen
    - Klassisches Berufswissen
    - Problemlösungs- und Deutungswissen
- Klientenbezug
    - Face-to-Face Interaktion
- Autonomie
    - Laienausgrenzung
    - Abgrenzung der Berufsgruppe

Vgl.: Meyer 2010, S. 4

Definition
Bildungspersonal

- „Lehrpersonen sind Menschen die anderen Menschen etwas lehren, beziehungsweise etwas beibringen."

- Lehrer und Lehrerinnen
- Pädagogen und Pädagoginnen
- Ausbilder und Ausbilderinnen
- Dozenten und Dozentinnen
- Kindergärtner und Kindergärtnerinnen
- Und viele andere

Boesch 1991, S.530

Warum ist Professionalität wichtig?
Arbeit→Beruf→Profession

- Arbeit ist das Grundprodukt
- Sie steht auf der „ersten Stufe"
- Sie kann unorganisiert sein
- Dient zur Selbstversorgung

Vgl.: Kurtz 2005, S.71

Warum ist Professionalität wichtig?
Arbeit→**Beruf**→Profession

- Der Beruf steht auf der „zweiten Stufe"
- Entstehung der Absatzmärkte prägt ein erstes Berufsbild
- Einführung der Geldwirtschaft treibt die Verberuflichung weiter voran
- Es ist jedoch ein „Mindestmaß von Schulungen" nötig

Vgl.: Weber 1990, S.80

Warum ist Professionalität wichtig?
Arbeit→Beruf→**Profession**

- Die Profession steht auf der „dritten Stufe"
- Erfolgte Spezialisierung aus den Berufen
- Wissenschaftliches Wissen / Fachwissenschaften
- Hohes Ansehen
- Gehobene Berufe

Vgl.: Meyer 2010, S.3

Warum ist Professionalität wichtig?
Autonome Berufsausübung

Wird klassifiziert in drei Bereiche:

1. Unabhängigkeit von organisierten Strukturen
2. Expertenstatus
3. Problemstellung

Vgl.: Stichweh 2005, S. 34ff

Warum ist Professionalität wichtig?
Fachwissenschaft

- Fachwissen
- Vermittlungstätigkeit
- Fachsprache
- Wissenstransformation

Vgl.: Herzog 2011, S.57

Unterricht als komplexe Situation

Diskutiert die folgenden Punkte auf dieser Folie kurz mit eurem Partner und notiert euch die Ergebnisse in Stichpunkten!

- Sozialität
- Öffentlichkeit
- Historizität
- Multidimensionalität
- Simultaneität

- Unmittelbarkeit
- Intransparenz
- Unvorhersehbarkeit
- Informalität

Vgl.: Mitchell 2008, S.30

Unterricht als komplexe Situation

Ausblick

- Komplexität nimmt zu
- Aufzeichnungen mit Multimediageräten sind heute unauffällig und einfach auszuführen
- Das Wissen in der Gesellschaft nimmt zu
- Schulkonkurrenz / Darstellung nach außen
- Demographischer Wandel → Buhlen um Schüler
- Schnellere Verteilungsmöglichkeit
- Flüchtlinge

Fazit

- Eine gute Ausbildung
- Fachwissen
- Gute Lehrer-Schüler Interaktion
- Gutes Deutungswissen
- der Situation bewusst sein

Diskussionsfragen

- Rückblickend auf das Referat, wie sind eure Erfahrungen mit der Professionalität von Lehrkräften aus der Schulzeit?

- Sollte die Lehrerausbildung um den Bereich der Professionalität erweitert werden?

- Meyer, R. (2010): Professionalisierung und Professionalität für Tätigkeiten in der Berufsbildung. Weinheim : Juventa Verlag
- Boesch, C. (1991): Teaching in wild chimpanzees. Animal Behaviour. Zürich : Wildlife Verlag
- Kurtz, T. (2005): Die Berufsform der Gesellschaft. Weilerswist : Velbrück
- Weber, M. (1998): Wirtschaft und Gesellschaft. Grundriss der verstehenden Soziologie. Tübingen : J.C.B. Mohr
- Stichweh, R. (2005): Wissen und die Professionen in einer Organisationsgesellschaft. Wiesbaden : Verlag für Sozialwissenschaften
- Herzog, W. (2011): Welche Wissenschaft für die Lehrerinnen- und Lehrerbildung? In: Beiträge zur Lehrerbildung
- Mitchell, S. (2008): Komplexität. Warum wir erst anfangen, die Welt zu verstehen. Frankfurt : Suhrkamp Verlag
- https://derhonigmannsagt.files.wordpress.com/2011/04/teufel-papst.jpg ; Zugriff am 10.02.2016
- https://www.youtube.com/watch?v=SCfwagUguU8 ; Zugriff am 13.02.16
- http://www.bwpat.de/content/fileadmin/user_upload/ht2011/ws10/ad_1/a1.jpg ; Zugriff am 14.02.2016

BEI GRIN MACHT SICH IHR WISSEN BEZAHLT

- Wir veröffentlichen Ihre Hausarbeit, Bachelor- und Masterarbeit

- Ihr eigenes eBook und Buch - weltweit in allen wichtigen Shops

- Verdienen Sie an jedem Verkauf

Jetzt bei www.GRIN.com hochladen und kostenlos publizieren